Este libro ser de:

Voy a tener gemelos por Paris Moris

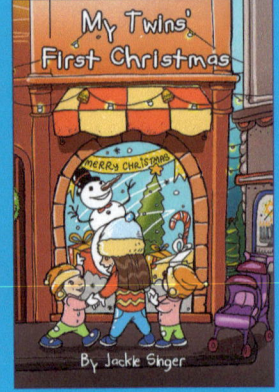

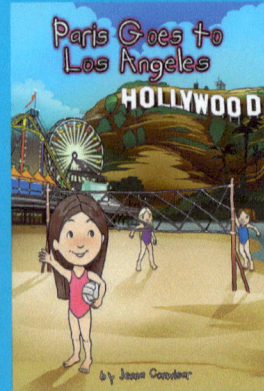

I'm Having Twins!
by Paris Morris

My Twins are Coming Home
by Paris Morris

My Twins First Birthday
By Paris Morris

My Twins' First Christmas
By Jackie Singer

Paris Goes to San Francisco
by Paris Morris

Paris Goes to Los Angeles
HOLLYWOOD
by Jessa Gordear

Paris Goes To Lake Tahoe
by Paris Morris

PARIS GOES TO SCHOOL
by Paris Morris

Publicado por:

New Year Publishing, LLC 144 Diablo Ranch Ct. Danville, CA 94506 USA

orders@newyearpublishing.com http://www.newyearpublishing.com

New Year
PUBLISHING

El primer Halloween de mis gemelas

Por Paris Morris

Hola. Soy Paris y tengo 5 años. Vivo cerca de San Francisco, California con mi papá y mi mamá y mis hermanas gemelas.

Me encanta esta época del año.
Cuando las hojas de los árboles
cambian de color significa que
Halloween está cerca.

En el colegio, la señora Lewis nos ha enseñado sobre el Día de los Muertos — una fiesta mexicana que tiene lugar el día después de Halloween y que celebra a los amigos y familiares fallecidos. Me gustan especialmente las galletas decoradas como calaveras.

Tenemos mucho que hacer para prepararnos para Halloween. En primer lugar, vamos a nuestro huerto de calabazas local para conseguir calabazas para las Jack-o'Lanterns para ponerlas en el porche delantero.

Luego quitamos todas
las cosas pegajosas
de las calabazas
y tallamos caras
divertidas en ellas.

Cada año nos vamos al huerto de calabazas de vidrio y mamá las suma a su colección.

Cohn-Stone
STUDIOS

Casi olvido la parte más importante de Halloween — escoger un disfraz.

Mamá nos llevó a la tienda de Halloween. Liberty y Victoria decidieron ser un abejorro y una mariquita, pero yo no pude encontrar un disfraz que me gustara.

La abuela me preguntó por qué no tenía un disfraz y dije que era porque no sabía lo que quería ser.

Entonces sacó una capa
roja y un antifaz y dijo que
debería ser un superhéroe.

Ahora todos estamos preparados
para el truco o trato.

Justo antes de salir para el truco o trato, 6a se acercó y nos trajo chocolate de Ghirardelli, las cosas buenas.

En la primera casa Liberty trató de devolver el caramelo a nuestros vecinos. La ayudé a entender que nos los quedábamos.

Victoria empezó a llorar
cuando vio el Frankestein de
la Casa encantada del fondo
de la calle.

Después del truco o trato
intercambiamos para conseguir los tipos
de caramelos que nos gustaban más.

Hacer truco o trato cansa mucho pero merece la pena.

Fin

Plantilla para tallar calabazas de mi amiga Paris.

www.ingramcontent.com/pod-product-compliance
Lightning Source LLC
Chambersburg PA
CBHW040032050426
42453CB00002B/95